Jan Martensen

Wer ist Nihal Beuck?

Jan Martensen

Wer ist Nihal Beuck?

Bibliografische Information der Deutschen Nationalbibliothek: Die Deutsche Nationalbibliothek verzeichnet diese Publikation in der Deutschen Nationalbibliografie; detaillierte bibliografische Daten sind im Internet über dnb.dnb.de abrufbar.

Verlag: BoD • Books on Demand GmbH, In de Tarpen 42,

22848 Norderstedt

Druck: Libri Plureos GmbH, Friedensallee 273, 22763 Hamburg

ISBN: 978-3-7597-9519-9

Für und über Nihal Beuck.

Nihal Beuck
ist sehr, sehr
witzig.

Nihal Beuck hat es faustdick hinter den Ohren

Nihal Beuck
ist sehr
zuverlässig.

Nihal Beuck ist sehr loyal.

Nihal Beuck ist eine sensationelle Gastgeberin

Nihal Beuck vergisst niemals.

Nihal Beuck
ist großzügig.

Nihal Beuck ist liberal.

Nihal Beuck liebt Katzen.

Nihal Beuck ist Vegetarierin.

Nihal Beuck rettet jedes Tier.

Außer
Spinnen.

Nihal Beuck benennt gern Zimmer nach sich selbst. In den Wohnungen anderer Leute.

Nihal Beuck ist sehr unterhaltsam.

Nihal Beuck erhellt den Raum, wenn sie ihn betritt.

Nihal Beuck ist hilfsbereit.

Nihal Beuck ist sehr ehrlich.

Nihal Beuck ist eine gute Organisatorin.

Nihal Beuck hat eine wunderschöne Handschrift.

Nihal Beuck kann exzellent BH-Schulungen durchführen.

Nihal Beuck erkennt Material mit geschlossen en Augen beim Berühren.

Nihal Beuck ist Ausbilderin.

Nihal Beuck
mag
Schaukeln
und
Rutschen.

Nihal Beuck ist ehrgeizig.

Nihal Beuck hat sehr schöne Haare.

Nihal Beuck ist immer sehr gut gekleidet

Nihal Beuck ist da, wenn man sie braucht.

Nihal Beuck hat eine hohe fachliche Expertise im beruflichen Bereich.

Nihal Beuck hat eine wilde Vergangenheit in ihrer Jugend.

Nihal Beuck kümmert sich rührend um Menschen, die Hilfe brauchen.

Nihal Beuck
kann
zuhören.

Nihal Beuck liebt Freizeitparks.

Nihal Beuck spielt die besten Streiche.

Nihal Beuck
ist von
Herzen
Beifahrerin.

Nihal Beuck ist sehr tolerant.

Nihal Beuck sagt schon mal Tschüß beim Saufen.

Nihal Beuck ist sehr kreativ.

Nihal Beuck ist klug.

Nihal Beuck
ist schön.

Nihal Beuck ist immer da.

Nihal Beuck
ist meine
beste
Freundin.

Nihal Beuck wird geliebt.

Wie schön,
dass es sie
gibt!